Gana Ingresos Pasivos con Productos Digitales Generados por IA

Vende ebooks, cursos, plantillas y más usando herramientas de IA gratuitas y de bajo costo

Por Joe Correa

Publicado por Live Stronger Faster

Primera edición

Tabla de Contenidos

Introducción

La idea de los ingresos pasivos solía sentirse como un sueño—algo reservado para los ricos, los afortunados o los altamente capacitados. Pero gracias a la inteligencia artificial, la barrera de entrada ha sido eliminada.

La IA ha transformado la forma en que creamos, comercializamos y vendemos productos digitales. Con herramientas que pueden escribir ebooks, diseñar plantillas, generar videos e incluso crear cursos por ti, cualquier persona con una laptop o un teléfono ahora puede generar ingresos en piloto automático.

En este libro aprenderás exactamente cómo hacerlo, incluso si nunca has ganado un solo dólar en línea.

Este libro no trata sobre riquezas de la noche a la mañana ni sobre "trucos secretos". Se trata de construir fuentes de ingresos sostenibles a largo plazo con un costo inicial mínimo. Te guiaremos paso a paso para que aprendas a:

- Generar ideas de productos con alta demanda usando IA
- Usar herramientas de IA gratuitas y de bajo costo para crear ebooks, cursos y plantillas
- Construir una tienda sencilla o un embudo de ventas

- Automatizar tus sistemas de venta y entrega
- Generar tráfico utilizando contenido y marketing impulsados por IA
- Reinvertir las ganancias para escalar tus ingresos
- Evitar errores comunes y el agotamiento

No necesitas ser experto en tecnología ni creador de contenido. Si puedes seguir pasos simples y mantener la constancia, este libro te ayudará a lanzar productos digitales que pueden generar dinero mientras duermes.

También incluiremos ejemplos del mundo real, herramientas para principiantes y enlaces a plataformas de IA que puedes usar desde hoy.

Al final de este libro, tendrás una hoja de ruta clara para convertir la IA en tu socio comercial más poderoso—sin programación, sin configuraciones complejas y sin necesidad de aparecer en cámara.

Comencemos tu camino para construir ingresos pasivos con productos digitales generados por IA.

Capítulo 1: Cómo Elegir el Producto Digital Adecuado Para Vender con IA

Cuando comienzas tu camino hacia los ingresos pasivos generados con IA, el primer paso —y el más crítico— es elegir el tipo correcto de producto digital. Esta decisión determinará qué tan fácil será crearlo, cuánta demanda tendrá, qué tan escalable puede ser y, en última instancia, cuánto ingreso podrá generar con el tiempo.

1. Entiende los Grandes 4: Las principales categorías de productos digitales

Aunque existen cientos de opciones, la mayoría de los productos digitales exitosos caen en una de las siguientes categorías:

A. Ebooks

Las herramientas de escritura con IA pueden generar libros completos en cuestión de horas. Son ideales para:

- Educación en nichos específicos (ej. "Cómo iniciar un negocio de reparación de crédito")
- Salud y bienestar (ej. "Wall Pilates para personas mayores")
- Aprendizaje basado en habilidades (ej. "Dominio de prompts para ChatGPT")

Ventajas:

- Rápidos de crear
- Se pueden reutilizar como audiolibros o vender en paquetes
- Se venden en Amazon KDP, Gumroad o tu propio sitio web

B. Cursos en línea

Usando herramientas de IA como ChatGPT, InVideo y Pictory, puedes crear un curso completo en pocos días.

Ventajas:

- Alto valor = precio más alto
- Los estudiantes suelen pagar entre $20 y $200 o más por curso
- Plataformas como Udemy y Teachable se encargan del tráfico y la entrega

C. Plantillas y kits de herramientas

Incluyen plantillas de Notion, diseños en Canva, hojas de presupuesto, currículums, etc.

Ventajas:

- Fáciles de crear con IA y herramientas de diseño
- Entrega instantánea

- Reutilizables y escalables con actualizaciones

D. Servicios digitales y imprimibles

Calendarios, diarios, planificadores digitales, libros para colorear, planificadores de redes sociales, etc. Las herramientas de IA pueden generar contenido y diseños automáticamente.

Ventajas:

- Excelentes para Etsy, Creative Market y Gumroad
- Ideales para compras repetidas de forma pasiva

2. Alinea el producto con tus fortalezas (o intereses)

Si te gusta escribir, elige ebooks. Si disfrutas hablar o enseñar, comienza con un curso. Si te gusta el diseño o la organización, crea plantillas. Si no estás seguro... ¡deja que la IA te ayude a decidir!

Ejemplo de prompt:

"ChatGPT, según las tendencias actuales, ¿cuáles son 10 productos digitales rentables que puedo vender usando herramientas de IA?"

También considera tu disponibilidad de tiempo. Los ebooks y las plantillas son más fáciles para creadores a tiempo parcial.

Los cursos requieren más planificación y estructura, pero ofrecen mayores ganancias.

3. Valida la demanda con IA + herramientas gratuitas

Antes de crear, asegúrate de que la gente realmente esté comprando lo que planeas ofrecer.

Utiliza:

- ChatGPT para generar ideas de palabras clave
- Google Trends para analizar la demanda a lo largo del tiempo
- Ubersuggest / Keywords Everywhere para estimar el volumen de búsqueda
- Udemy, Amazon y Etsy para revisar competencia y precios

Prompt para ChatGPT:
"¿Cuáles son los temas de ebooks en tendencia dentro del nicho de finanzas personales para 2025?"

Combina estos datos para validar tu idea. Una idea validada puede ahorrarte semanas de trabajo innecesario y multiplicar por 10 tu potencial de ingresos.

4. Combina productos para crear pilas de ingresos pasivos

Los emprendedores digitales más exitosos no se quedan con un solo formato: crean sistemas.

Por ejemplo:

- Convierte tu ebook en un curso
- Añade hojas de trabajo o plantillas
- Ofrece un paquete completo a un precio más alto

Así creas múltiples fuentes de ingresos a partir de un solo tema y recorrido del cliente, todo construido con ayuda de la IA.

5. Elige la plataforma correcta para vender

Una vez que sepas qué tipo de producto vas a crear, combínalo con la plataforma adecuada:

Tipo de producto — Mejores plataformas

- **Ebooks:** Amazon KDP, Gumroad, Payhip
- **Cursos:** Udemy, Teachable, Thinkific
- **Plantillas:** Etsy, Gumroad, Creative Market
- **Imprimibles:** Etsy, Notion Market, Ko-fi

También considera crear un embudo de ventas sencillo usando Carrd, Systeme.io o ConvertKit para conservar el 100% de las ganancias.

De profesor de secundaria a ganancias con productos digitales

Carlos era profesor de secundaria. Trabajaba largas horas y aun así apenas ganaba lo suficiente para mantener a su familia. Soñaba con generar ingresos extra en línea, pero cada intento se sentía abrumador. Programación, software complicado y herramientas costosas no eran una opción para él.

Una noche, mientras navegaba por YouTube, encontró un video titulado "Cómo usar IA para vender productos digitales". Intrigado, lo vio completo. El creador usó ChatGPT para crear el esquema de un ebook completo en cinco minutos. Carlos sintió una chispa.

"Yo podría hacer eso", pensó.

Al día siguiente, creó una cuenta gratuita en ChatGPT y escribió:
"Dame 10 ideas de productos digitales que pueda vender en línea usando herramientas de IA gratuitas."

La lista lo sorprendió: ebooks, plantillas, planificadores digitales, cursos en video, rastreadores de Notion y más.

Carlos recordó que otros profesores siempre le pedían planes de clase y recursos imprimibles. Ese era su nicho. Le pidió a

ChatGPT:
"¿Qué productos digitales podría crear para profesores de secundaria usando IA?"

La respuesta incluyó ideas como:

- Plantillas de gestión del aula
- Paquetes de correos para comunicación con padres
- Un ebook "Kit de supervivencia para el regreso a clases"
- Generadores de planes de lección

Carlos eligió uno: **"Plantillas de gestión del aula."**

Abrió Canva y usó plantillas de diseño con IA para crear recursos profesionales en minutos. Para el contenido, dejó que ChatGPT escribiera las descripciones y guías de uso. Lo reunió todo en un PDF, lo subió a Gumroad y lo vendió a $9.

Publicó el enlace en algunos grupos de Facebook para profesores y consiguió 3 ventas el primer día. Esos $27 no eran mucho, pero demostraron que el sistema funcionaba.

Motivado, amplió el producto y creó un **Kit completo de aula** con planificadores, listas de verificación y guiones de correos para padres. Incluso convirtió el contenido en un mini-curso usando la herramienta de texto a video de InVideo.

Al final del mes, Carlos había ganado más de $700. No por trabajos extra que exigían horas de su tiempo, sino gracias a productos digitales creados con IA que seguían vendiéndose incluso mientras él estaba en el trabajo.

Y todo comenzó con la pregunta correcta:
"¿Qué producto digital puedo crear usando lo que ya sé... y un poco de ayuda de la IA?"

Capítulo 2: Cómo Usar La IA Para Crear Ebooks de Alta Calidad En Menos de 48 Horas

Crear ebooks solía ser un proceso largo e intimidante. Tenías que ser un gran escritor, pasar semanas creando esquemas y editando, y luego preocuparte por el formato y la publicación. Pero ahora, gracias a herramientas de escritura con IA como ChatGPT, Claude y Gemini, cualquiera puede crear ebooks profesionales y de alta calidad en cuestión de horas, incluso si nunca ha escrito una sola página. Este capítulo te guiará paso a paso, desde la elección del tema hasta la publicación de tu ebook en plataformas que llegan a millones de personas.

El primer paso es seleccionar un tema que tenga demanda y que sea fácil de desarrollar con ayuda de la IA. No necesitas ser un experto en la materia —la IA te ayudará con la investigación y la estructura— pero sí debes elegir algo con potencial comercial. Usa plataformas como Amazon, Etsy y Google Trends para investigar temas con alta demanda. Luego, utiliza ChatGPT para acotarlos preguntando:
"¿Cuáles son algunos temas de ebooks en tendencia dentro de [tu nicho] por los que la gente está dispuesta a pagar?"

Una vez que elijas el tema, vuelve a usar ChatGPT para generar una tabla de contenidos detallada. Esto funcionará como tu plano de trabajo y mantendrá el contenido enfocado. Por ejemplo, un libro sobre "Cómo construir crédito empresarial" podría incluir capítulos como "Entendiendo los fundamentos del crédito empresarial", "Cómo configurar tu negocio de la forma correcta" y "Cómo construir crédito sin garantía personal".

Cuando tu esquema esté listo, el proceso de escritura se vuelve sencillo. Pídele a ChatGPT que escriba una sección a la vez. En lugar de solicitar un capítulo completo, divídelo:
"Escribe una sección de 500 palabras sobre por qué el crédito empresarial es importante para el crecimiento de los pequeños negocios."

Luego revisa el borrador y haz ediciones ligeras para agregar tu voz personal o mejorar la fluidez. Repite este proceso con cada sección y poco a poco construirás tu ebook completo sin agotarte. Asegúrate de usar prompts específicos que incluyan el tono y la audiencia. Por ejemplo:
"Escribe en un tono conversacional para emprendedores principiantes."

Si quieres que suene más profesional o motivador, simplemente ajusta el tono en el prompt.

El siguiente paso es el formato. Cuando el contenido esté completo, cópialo en una herramienta como Google Docs o Canva Docs. Usa encabezados, viñetas y texto en negrita para facilitar la lectura. Añade una introducción y una conclusión usando IA también. ChatGPT puede generarlas con un prompt como:
"Escribe una introducción atractiva para un ebook sobre [tu tema]."

Para el diseño, Canva ofrece plantillas gratuitas de ebooks totalmente personalizables. Puedes arrastrar tu texto, añadir imágenes generadas con IA usando herramientas como DALL·E o la IA de imágenes de Canva, y personalizar la portada con tu nombre y el título. Tu ebook debe exportarse como un PDF limpio que se vea bien tanto en dispositivos móviles como en computadoras.

Con el ebook terminado, es momento de publicarlo y venderlo. Existen tres opciones principales: Amazon KDP, Gumroad y tu propio sitio web. Amazon KDP te permite acceder a millones de clientes potenciales y es ideal para temas generales. Gumroad es excelente para guías de nicho o profesionales y te da control total sobre el precio y la entrega. Si buscas máxima ganancia y control, puedes vender desde tu propia página usando herramientas como Systeme.io o Payhip, y generar tráfico con contenido impulsado por IA y automatización de anuncios. También puedes convertir tu ebook en un audiolibro o incluirlo en un paquete con plantillas y listas de verificación para aumentar su valor.

Una de las mejores partes de este modelo es que tu ebook no tiene que ser largo. Una guía de alta calidad de entre 5,000 y 10,000 palabras puede vender muy bien si resuelve un problema específico. La clave está en ofrecer valor de forma enfocada. Y como el contenido se crea con ayuda de la IA, puedes producir múltiples ebooks en diferentes nichos con el tiempo, creando un portafolio que genere ingresos incluso mientras duermes. Muchos emprendedores digitales construyen fuentes de ingresos completas reutilizando el contenido de sus ebooks en videos de YouTube, cursos o blogs —todo con ayuda de la IA.

El último paso es el marketing de tu ebook. No te preocupes —la IA también ayuda aquí. Puedes pedirle a ChatGPT que escriba textos para redes sociales, artículos de blog y secuencias de correos electrónicos para promocionar tu libro. Herramientas como Opus Clip o Pictory pueden crear anuncios en video cortos usando el contenido de tu ebook. Programa tus publicaciones con plataformas como Metricool o Buffer y monitorea el rendimiento. Si quieres escalar de verdad, puedes lanzar anuncios en Facebook o Instagram y dejar que el contenido generado por IA dirija el tráfico a tu página de venta.

Crear un ebook ya no requiere meses de trabajo. Con los prompts, las herramientas y la estructura correctas, puedes pasar de la idea a autor publicado en menos de 48 horas. Enfócate en temas específicos y de alto valor. Usa ChatGPT para escribir de forma rápida y clara. Diseña con Canva. Vende en Amazon o Gumroad. Luego promociona con marketing generado por IA. Esa es la fórmula —y funciona. Solo necesitas un buen ebook para comenzar a construir un imperio digital.

Cómo Michelle usó la IA para crear ingresos pasivos

Michelle siempre había soñado con ser autora. Pero entre su trabajo de tiempo completo, dos hijos y un presupuesto ajustado, escribir un libro parecía imposible. Tenía decenas de ideas guardadas en la app de notas de su teléfono —temas como autocuidado para mamás, planificación vegetariana fácil y cómo reconstruyó su crédito después de un divorcio— pero la idea de escribir 100 páginas por su cuenta la abrumaba.

Una noche, después de ver un video sobre cómo ganar dinero con IA, abrió ChatGPT y escribió:
"¿Puedes ayudarme a escribir un ebook?"

La respuesta fue inmediata: "¡Claro! ¿Sobre qué tema te gustaría escribir?"
Ella sonrió. "Probemos con 'Autocuidado para mamás que trabajan desde casa'."

ChatGPT comenzó a hacerle preguntas: ¿Cuál es el tono? ¿Quién es la audiencia? ¿Debe ser práctico o emocional? Michelle respondió cada una y se sorprendió de lo intuitivo que se sentía —como hacer una lluvia de ideas con una asistente personal.

En menos de 20 minutos, tenía un esquema completo: diez capítulos, cada uno con 2 o 3 ideas clave. Copió el primer título, "Cómo establecer límites con los hijos mientras trabajas de forma remota", y escribió:
"Escribe un capítulo de 500 palabras sobre esto en un tono calmado y de apoyo."

Segundos después, apareció un borrador completo. No era perfecto, pero era muy bueno. Editó algunas frases para añadir sus experiencias personales y el texto se sintió auténtico. Esa noche escribió tres capítulos. Al día siguiente, ya tenía siete. Al segundo día, su ebook estaba terminado.

Michelle pasó luego a Canva, eligió una plantilla moderna de ebook y pegó sus capítulos. Usó imágenes generadas por IA de espacios de trabajo tranquilos y añadió una imagen de una

taza de té con una mamá sonriente de fondo. Creó una portada en tonos rosa y verde suaves con el título:
"Productividad en Calma: Una guía de autocuidado para mamás que trabajan desde casa."

Con todo el formato listo, lo exportó como PDF y lo subió a Gumroad. Empezó con un precio de $9. Compartió el enlace en un grupo de Facebook para mamás emprendedoras. Esa noche, hizo 4 ventas.

Quedó sorprendida.

Al día siguiente, usó ChatGPT para escribir un texto promocional:
"¿Te sientes agotada trabajando desde casa mientras crías a tus hijos? Mi nuevo ebook está aquí para ayudarte. Solo $9 y lleno de consejos prácticos de una mamá como tú."

Lo publicó en Instagram y obtuvo 23 "me gusta". Nada espectacular... pero llegaron 3 ventas más. Entonces tuvo una idea: ¿y si convertía esto en toda una marca?

Al final de la semana, Michelle lanzó un segundo ebook llamado **Planificación de comidas para mamás ocupadas**. Agrupó ambos en un "Kit de productividad para mamás" y añadió una plantilla de Canva que ella misma usaba. Subió el precio a $19.

Al final del mes, había ganado $410 —casi lo mismo que antes ganaba dando tutorías a tiempo parcial. ¿La diferencia? Esto era pasivo. Los ebooks seguían vendiéndose mientras ella cocinaba, ayudaba con las tareas o salía a caminar.

Algo cambió dentro de ella. Por primera vez, no estaba soñando con ser autora —ya lo era. Y no lo hizo de la manera tradicional. Usó la IA para guiarla, empoderarla y desbloquear el potencial que siempre tuvo. Ahora tenía un sistema... y una visión para construir más.

La historia de Michelle es la nueva realidad. No necesitas esperar a un editor, un equipo o un milagro. Solo necesitas algunas herramientas, un mensaje que valga la pena compartir y la disposición para intentarlo. ¿El resto? Deja que la IA se encargue.

Capítulo 3: Diseño y Venta de Plantillas y Kits de Herramientas Digitales con IA

Las plantillas y los kits de herramientas son algunos de los productos digitales más fáciles y rentables que puedes crear, especialmente con la ayuda de la IA. A diferencia de los ebooks o los cursos, que requieren contenido estructurado de principio a fin, las plantillas ofrecen valor inmediato, uso práctico instantáneo y suelen vender muy bien en plataformas como Etsy, Gumroad, Creative Market y tu propio sitio web. Con herramientas gratuitas de diseño con IA, generadores de contenido y plataformas de automatización, puedes pasar de la idea a un producto rentable en una sola tarde.

El primer paso para crear una plantilla exitosa es elegir un nicho. Pregúntate: "¿Qué problema puedo ayudar a resolver en 15 minutos o menos?". A las personas ocupadas les encantan las plantillas porque les ahorran el proceso de crear algo desde cero. Por ejemplo, un dueño de negocio puede necesitar un rastreador financiero. Un creador de contenido puede requerir un mes completo de captions para Instagram. Un buscador de empleo puede estar buscando una plantilla de currículum. Puedes investigar ideas en tendencia explorando mercados como Etsy, Canva y Notion Market, o usar ChatGPT para generar una lista con el prompt:

"¿Cuáles son las plantillas digitales de alta demanda que la gente compra en línea?"

Una vez que selecciones tu idea de plantilla, elige la plataforma adecuada. Para diseños visuales como planificadores, hojas de trabajo o paquetes para redes sociales, usa Canva. Para herramientas más técnicas como calculadoras de presupuesto o hojas de planificación empresarial, utiliza Google Sheets o Notion. Estas plataformas son gratuitas, flexibles y fáciles de exportar. Ahora es momento de usar la IA para generar el contenido interno de la plantilla. Por ejemplo, si estás creando una plantilla de plan de negocios, pídele a ChatGPT que genere ejemplos prellenados para cada sección: resumen ejecutivo, investigación de mercado, plan de ventas, etc. Luego puedes copiar ese contenido en tu diseño y dejar espacios para que el comprador complete su información.

La presentación visual es clave, así que utiliza elementos de diseño generados por IA para que tu plantilla se vea limpia y profesional. Herramientas como Magic Design de Canva, Kittl o Microsoft Designer ofrecen diseños prediseñados y visuales creados con IA. Elige una tipografía y una paleta de colores coherentes, y recuerda que la simplicidad gana. No sobrecargues tus plantillas. En su lugar, ofrece valor a través de la claridad y la facilidad de uso. Añade una guía rápida o consejos breves para que el comprador sepa cómo usar la plantilla de manera efectiva. La IA puede escribir estas explicaciones en un tono amigable y profesional, por ejemplo: “Explica cómo usar esta plantilla de presupuesto para una madre soltera que intenta ahorrar dinero.”

Cuando tu plantilla esté lista, agrúpala con otros recursos similares para crear un kit de herramientas. Esto aumenta el valor percibido y te permite subir el precio. Por ejemplo, un “Kit para Pequeños Negocios” podría incluir:

- Una plantilla de plan de negocios (Google Docs)
- Una hoja de proyección financiera (Google Sheets)
- Un formulario de brief para logotipo (Canva)
- Un formulario de incorporación de clientes (Notion)

Puedes vender cada elemento por separado o ofrecer el paquete completo a un precio más alto, a menudo de 3 a 5 veces más que una sola plantilla. La venta en paquetes es una estrategia avanzada pero muy poderosa que multiplica tus ingresos por venta sin aumentar tu carga de trabajo. La IA también puede ayudarte a nombrar tu kit con ideas de marca como: “El Sistema de Éxito Freelance”, “Paquete de Crecimiento para Influencers” o “Startup en una Caja”.

Para vender tu plantilla, elige la plataforma que mejor se adapte a tu audiencia. Etsy funciona muy bien para planificadores, plantillas de presupuesto y herramientas de productividad. Gumroad y Payhip son ideales para kits de nicho, con entrega instantánea y procesamiento de pagos. También puedes alojar tu kit en tu propio sitio web o en una landing page y quedarte con el 100% de las ganancias. Usa herramientas como Systeme.io o ConvertKit para automatizar la entrega. Muchos creadores exitosos también ofrecen una plantilla gratuita para construir su lista de correos y luego venden paquetes completos más adelante usando secuencias de email generadas por IA.

No olvides crear imágenes de vista previa de alta calidad. Usa mockups de Canva para mostrar tu plantilla en uso en una tablet, teléfono o computadora. Añade etiquetas como "Editable", "Descarga inmediata" e "Incluye 5 plantillas" para aumentar las conversiones. La IA puede generar descripciones del producto y beneficios para el cliente como:
"Ahorra más de 10 horas a la semana con este calendario de contenido listo para usar" o
"Diseñado para profesionales ocupados que quieren resultados rápidos sin estrés".

El paso final es la promoción. Pídele a ChatGPT que escriba captions para Instagram, descripciones para Pinterest, artículos de blog y textos para correos electrónicos. Incluso puedes convertir tu kit en un lead magnet para productos más grandes como cursos o programas de coaching. Si quieres escalar, lanza anuncios pagados usando creativos para Facebook o TikTok creados con herramientas como Pictory o InVideo. La IA te permite probar múltiples enfoques rápidamente.

Las plantillas y los kits de herramientas son una mina de oro cuando se crean de forma estratégica. Son rápidas de hacer, de bajo costo de entrega y de alto valor para la audiencia correcta. Con la IA, el proceso ya no es técnico ni consume mucho tiempo. Es rápido, divertido y rentable. Ya seas diseñador, dueño de negocio o principiante absoluto, las plantillas te permiten convertir tu conocimiento en ventas repetibles, en piloto automático.

La historia de Rafael en Gumroad

Rafael nunca se había considerado una persona creativa. Era entrenador personal y acababa de reducir sus horas en el gimnasio con la esperanza de generar algún tipo de ingreso en línea. Su novia le sugirió que intentara vender algo digital, pero no sabía por dónde empezar. "No soy escritor, no soy diseñador y ni siquiera me gustan las redes sociales", decía medio en broma.

Pero un día se topó con un video sobre plantillas de Notion creadas con IA. El creador explicaba cómo usaba ChatGPT y Canva para construir herramientas simples de productividad que se vendían entre $10 y $50 en Gumroad. Al principio Rafael fue escéptico: ¿quién pagaría por una plantilla? Pero la curiosidad ganó. Buscó "fitness planner" en Etsy y vio cientos de resultados, muchos con miles de reseñas. Algo hizo clic. No necesitaba ser diseñador, solo organizar lo que ya sabía en un formato útil.

Esa noche abrió Canva y buscó "fitness template". Las opciones parecían infinitas. Eligió un diseño limpio y moderno y lo editó usando textos generados por ChatGPT. Le preguntó: "¿Puedes escribir un planificador de entrenamientos de 30 días para principiantes, con calentamientos y consejos diarios?"

En segundos tuvo un diseño completo. Ajustó algunos ejercicios basándose en su experiencia real con clientes y añadió frases motivacionales. Luego usó los Smart Mockups de Canva para crear imágenes del planificador en un iPad y una laptop. Lo tituló **"The 30-Day Fitstart Planner"** y lo subió a Gumroad por $12. Solo por diversión, compartió el enlace en su antiguo grupo de Facebook de fitness y en sus historias de Instagram.

A la mañana siguiente despertó con dos ventas. $24 no era mucho, pero era más de lo que había ganado jamás en línea. Sintió un cambio interno: una sensación de posibilidad.

Incluso si aún no has creado estos extras, la IA puede generarlos en minutos. Pídele a ChatGPT:
“Crea una lista de verificación en PDF de una página sobre [tema].”
o
“Escribe un cuaderno de trabajo con ejercicios para acompañar mi ebook sobre [tema].”

Usa Canva o Google Docs para darles formato y convertirlos en imprimibles o guías descargables bien diseñadas. Estos pequeños extras suelen marcar la mayor diferencia en el valor percibido de tu bundle.

Cuando tu bundle esté listo, dale un nombre que evoque **transformación y claridad**. Usa ChatGPT para generar ideas como:
“Kit Inicial de Libertad Financiera”,
“Acelerador de Creación de Contenido”,
“Caja de Herramientas para una Vida Consciente”.

El nombre debe comunicar resultados, simplicidad o una solución completa. Incluye palabras como **“bundle”, “kit” o “sistema”** para dejar claro que se trata de más de un producto.

Ahora, **pon el precio de forma estratégica**. Normalmente, los bundles se venden a un precio de 3 a 5 veces el valor de tu

Durante la semana siguiente, le pidió a ChatGPT más ideas: "¿Cuáles son 10 kits de herramientas digitales de fitness que puedo crear para principiantes, padres ocupados o dueños de gimnasios?"

La respuesta fue una mina de oro:

- Rastreadores de preparación de comidas
- Gráficos de progreso semanal
- Formularios de incorporación de clientes para entrenadores
- Calendarios de entrenamientos en casa de 15 minutos
- Plantillas de negocio para gimnasios

Rafael creó un **"Kit Inicial para Entrenadores de Fitness"** con cinco plantillas: un registro de entrenamientos, un rastreador de nutrición, un formulario para clientes, un calendario de entrenamientos en casa y una hoja de precios. Lo vendió en paquete por $29. Luego creó un anuncio en video usando InVideo, lo publicó en Instagram y enlazó el producto en su biografía.

Esa semana realizó 18 ventas: $522. El ingreso pasivo se sentía irreal. "La gente está comprando herramientas que hice con ChatGPT y Canva mientras duermo", le dijo a su novia. "Este es el futuro".

A medida que crecía, Rafael empezó a recopilar correos electrónicos y lanzó una landing page sencilla con Systeme.io ofreciendo un plan de comidas gratuito de 7 días. Usó la IA para escribir la secuencia de correos que promocionaba su kit completo en el tercer día. Las ventas se duplicaron. Lo que comenzó como una sola plantilla se había convertido en una marca digital en crecimiento. Ya no era solo entrenador: era un emprendedor de productos digitales.

¿Y lo mejor de todo? Seguía teniendo tiempo para entrenar clientes, jugar fútbol y ejercitarse sin el agotamiento de perseguir trabajos extra. Con la IA como su socio silencioso, Rafael construyó un negocio de plantillas que trabajaba para él, y no al revés.

Capítulo 4: Crear y Vender Cursos en Línea Con IA: Sin Aparecer en Cámara

Los cursos en línea son uno de los productos digitales más rentables que puedes crear, especialmente cuando los combinas con la IA. Con el auge de las plataformas de educación en línea y la demanda global de aprendizaje de nuevas habilidades, hoy es más fácil que nunca compartir lo que sabes y ganar dinero con ello. Lo mejor de todo es que ya no necesitas aparecer en cámara, contratar un equipo de video ni pasar meses creando contenido. Gracias a las herramientas de IA para guiones, locuciones, creación de diapositivas y edición de video, puedes crear un curso profesional en solo unos días.

El primer paso es elegir el tema de tu curso. Concéntrate en resolver un problema específico. Temas generales como "Aprender negocios" o "Mejorar la salud" son demasiado amplios. Reduce el enfoque. Por ejemplo: "Cómo construir crédito empresarial sin usar tu SSN" o "Planificación de comidas para veganos ocupados". Usa ChatGPT para ayudarte a generar ideas:
"¿Cuáles son 10 ideas de cursos rentables para [tu experiencia/nicho]?"

Busca el punto de encuentro entre lo que sabes y lo que las personas están buscando activamente. Usa Google Trends, Udemy y Skillshare para validar la demanda.

Una vez que elijas el tema, deja que la IA cree tu plan de estudios. Pídele a ChatGPT:
"Crea un esquema de curso de 10 lecciones para [título del curso] dirigido a principiantes."

Recibirás una lista estructurada de lecciones que luego podrás desarrollar. Toma cada lección y pide:
"Dame un guion detallado para la Lección 1 en un tono amigable, enfocado en [punto clave]."

Este guion se convertirá en tu locución: la base de tu curso sin rostro. Si deseas más interacción o historias, puedes solicitarlo directamente dentro del prompt.

Luego, decide cómo presentarás el curso. Puedes usar diapositivas con voz en off, avatares de IA, videos animados o simples grabaciones de pantalla. Si buscas un estilo profesional y sin mostrar tu rostro, utiliza herramientas como Pictory, Synthesia, InVideo o Tome AI. Estas plataformas te permiten copiar y pegar tu guion, elegir un fondo o avatar y generar un video de alta calidad. Para lecciones solo de audio, ElevenLabs o PlayHT te permiten crear locuciones humanas realistas a partir de tus guiones. Estas herramientas son ideales si no quieres hablar ni aparecer en cámara.

Para los elementos visuales, puedes generar presentaciones personalizadas usando Gamma.app o Beautiful.ai, o utilizar las herramientas de presentaciones de Canva. Usa visuales que acompañen tu guion y evita saturar las diapositivas con demasiado texto. Puedes utilizar videos de stock, arte generado por IA o clips B-roll de Pexels y Pixabay para hacer el curso más dinámico. Recuerda mantener las lecciones cortas —idealmente de menos de 10 minutos— para mantener la atención del estudiante y reducir el tiempo de producción.

Cuando tu curso esté listo, elige la plataforma adecuada. Si quieres tráfico integrado, Udemy y Skillshare son excelentes opciones, ya que millones de estudiantes las visitan a diario. Si prefieres más control, plataformas como Teachable, Thinkific, Gumroad y Podia te permiten fijar tu propio precio y conservar una mayor parte de las ganancias. También puedes vender tu curso a través de tu propio embudo usando Systeme.io o ConvertKit, combinando email marketing con ventas adicionales y automatización.

Para maximizar tus ingresos, considera añadir bonos: plantillas descargables, listas de verificación o guías de recursos. Usa ChatGPT para crear materiales complementarios

como:
"Resumen en PDF de la Lección 1" o "Lista de verificación para el Módulo 3."

Estos extras aumentan el valor percibido y brindan más herramientas a tus estudiantes. Incluso puedes reutilizar el curso como ebook, audiolibro o paquete de talleres digitales.

El marketing es clave, pero la IA lo hace mucho más fácil. Usa ChatGPT para escribir tu página de ventas, guiones de anuncios y secuencias de correos electrónicos. Utiliza herramientas como Opus Clip para convertir tu curso en videos promocionales cortos. Programa tus publicaciones en redes sociales con Metricool o Buffer y deja que la automatización se encargue del seguimiento. El objetivo es crear una vez y vender para siempre.

No necesitas equipo costoso, años de experiencia ni un canal de YouTube para lanzar un curso. Con los prompts correctos, las herramientas adecuadas y una estructura simple, puedes usar la IA para crear y vender cursos que cambien vidas, incluida la tuya. Ya sea que enseñes marketing, crianza, programación o escritura creativa, hay alguien esperando aprender de ti. Deja que la IA haga el trabajo pesado. Tú solo trae el mensaje.

El primer curso en línea de Elena: "Alimentación Inteligente para Niños"

Elena era nutricionista certificada, pero después de tener a su segundo hijo, volver a su trabajo de 9 a 5 en la clínica se sentía imposible. Quería quedarse en casa con sus hijos y aun así generar ingresos. Una amiga le sugirió crear cursos en línea, pero Elena lo descartó de inmediato. "No soy youtuber", dijo. "Odio las cámaras. Me quedaría en blanco."

Pero una noche, mientras alimentaba a su recién nacido y hacía scroll en TikTok, vio un video:
"Cómo gané $8,000 el mes pasado con cursos creados con IA — sin rostro, sin voz."

Sus ojos se abrieron de par en par. El creador explicaba cómo usaba ChatGPT, ElevenLabs y Canva para producir cursos en video de alta calidad sin aparecer nunca en pantalla. Elena pasó dos horas más viendo tutoriales, y su curiosidad se transformó en entusiasmo.

Al día siguiente abrió ChatGPT y escribió:
"¿Cuáles son algunas ideas de cursos rentables en nutrición?"

La respuesta fue una lista: "Preparación de comidas para principiantes", "Nutrición vegana con bajo presupuesto", "Nutrición para mamás ocupadas", y más. Uno destacó de inmediato: **"Alimentación inteligente para niños."** Era un tema que ya dominaba: todas las semanas preparaba comidas saludables para niños pequeños. Le pidió a ChatGPT: "Crea un esquema de curso de 10 módulos para 'Alimentación inteligente para niños'."

La respuesta fue mejor que cualquier cosa que ella hubiera creado por su cuenta. Cada módulo tenía objetivos claros, títulos atractivos y valor real. Eligió el Módulo 1 y escribió: "Escribe un guion amigable de 3 minutos para el Módulo 1: 'Comprender las necesidades nutricionales de tu hijo'."

Al instante apareció un guion listo para usar como locución. Elena abrió ElevenLabs, pegó el texto, eligió una voz femenina cálida y descargó el audio. Sonaba real —profesional, incluso reconfortante. "Esto sí puede funcionar", susurró.

Luego usó Canva para crear las diapositivas. Las mantuvo limpias: un punto por diapositiva, mucho espacio en blanco y colores suaves y alegres. Para las imágenes, usó sugerencias de IA de Canva y fotos de stock de comidas saludables y niños felices. Sincronizó la voz en off usando Pictory, que le permitió subir el audio y combinarlo con cada diapositiva.

Después de tres días trabajando por las noches —mientras sus hijos dormían o jugaban— había terminado todo el curso. Diez módulos. Una guía descargable de recetas. Un planificador de

loncheras. Una plantilla extra de lista de compras. Subió todo a Gumroad, lo vendió a $49 y creó una página de ventas sencilla con Systeme.io usando textos generados por IA que decían:
"Haz que la hora de comer sea más fácil y saludable – sin estrés."

Lo compartió en su cuenta de Instagram para mamás. La primera semana: 3 ventas. Luego 8. Luego 14. Una mujer le escribió: "Este curso salvó mis mañanas. Gracias."

En solo un mes, Elena había ganado $1,270. Eso era más de lo que había ganado en su último mes en la clínica —pero ahora lo hacía desde casa, en pijama, con su bebé en brazos.

Y no se detuvo ahí. Convirtió su curso en un ebook usando ChatGPT, lo vendió como paquete y comenzó a trabajar en su segundo curso: **"Los primeros alimentos del bebé: guía para nuevos padres."** Incluso empezó a crear una lista de correos con un lead magnet gratuito: una **"Guía de snacks para niños pequeños"** escrita con IA.

Elena nunca mostró su rostro, nunca grabó un solo video hablando y nunca contrató a nadie. Pero ahora era una creadora respetada de cursos digitales en el nicho de la crianza, y su negocio crecía cada semana.

Su historia demuestra lo que es posible con la IA. Si tienes conocimiento y disposición para aprender, puedes enseñar a otros sin salir de casa ni encender una cámara. Al igual que Elena, tu voz —aunque sea generada por IA— puede generar un impacto real.

Capítulo 5: Cómo Convertir Tu Contenido Generado Con IA En Paquetes Que Aumenten Las Ventas y Las Ganancias

Una de las estrategias más poderosas para aumentar tus ingresos pasivos es la **creación de bundles o paquetes**. En lugar de vender ebooks, plantillas o cursos de forma individual, los combinas en paquetes de alto valor, lo que incrementa drásticamente el valor percibido, la tasa de conversión y el valor promedio por compra. Con la IA, crear bundles nunca ha sido tan fácil. Puedes reutilizar contenido existente, generar productos complementarios y empaquetarlos con una imagen profesional y automatización en solo unas horas.

La psicología detrás de los bundles es simple: a las personas les encanta la **comodidad y el ahorro**. Cuando ofreces múltiples soluciones en una sola compra, ahorras tiempo y esfuerzo a tus clientes. En lugar de comprar cinco productos por separado, obtienen todo lo que necesitan en un solo lugar, generalmente con un ligero descuento. Al mismo tiempo, tú ganas más por venta y reduces el costo de adquirir clientes. Un ebook de $19 puede venderse ocasionalmente, pero un bundle de $49 que incluya tres ebooks, una plantilla y una lista de verificación puede venderse con mucha más frecuencia, incluso al mismo público.

Para empezar a crear un bundle, agrupa tus productos por **tema o audiencia objetivo**. Si tienes un curso sobre marca personal, un ebook sobre creación de contenido para redes sociales y una plantilla de Canva para Instagram, puedes combinarlos en un **"Paquete de Poder de Marca Personal"**. Si tienes plantillas de presupuesto, planificación de comidas y organización de horarios, crea un **"Kit de Productividad para Mamás Ocupadas"**. Pídele a ChatGPT:
"¿Qué tipo de bundle de productos digitales puedo crear usando estos tres productos: [lista]?"
Te dará nombres, audiencias objetivo e incluso ideas de bonos para añadir al paquete.

Luego, crea los **elementos adicionales** que hacen que tu bundle sea irresistible. Estos pueden incluir:

- Listas de verificación
- Cuadernos de trabajo
- Archivos editables (swipe files)
- Guías rápidas
- Planificadores imprimibles
- Tutoriales en video

producto principal, pero aún así deben sentirse como una oferta. Por ejemplo, si tu ebook cuesta $19, tu bundle puede costar $49. Puedes anclar el precio mostrando el valor individual de cada elemento (por ejemplo: "Valor normal $97, llévatelo hoy todo por solo $39"). Usa estrategias de escasez como ofertas por tiempo limitado o bonos especiales para aumentar conversiones. Y no olvides ofrecer una garantía de devolución del dinero: genera confianza y reduce la fricción.

El siguiente paso es crear una **landing page de alta conversión**. Usa Systeme.io, Gumroad o ConvertKit para diseñar una página limpia y sin distracciones que explique qué incluye el bundle, para quién es, qué problemas resuelve y qué beneficios ofrece. Utiliza viñetas, imágenes de vista previa y testimonios si los tienes. Deja que ChatGPT escriba el texto de ventas con prompts como:
"Escribe una página de ventas de alta conversión para mi [nombre del bundle] dirigida a [audiencia]."
También puedes pedirle diferentes titulares, llamados a la acción y descripciones enfocadas en beneficios.

Una vez que tu bundle esté activo, dirige tráfico usando **marketing impulsado por IA**. Crea reels o videos cortos con Opus Clip, escribe secuencias de correos automatizadas con ChatGPT y programa publicaciones con Metricool o Hypefury. No temas ofrecer un **tripwire** (producto de bajo costo o gratuito) que conduzca a tu bundle como venta adicional. Con el tiempo, tu bundle se convierte en un activo digital que genera ingresos constantes y escalables.

La belleza del bundling es que **no empiezas desde cero**. Aprovechas lo que ya creaste, lo mejoras con extras generados por IA y lo empaquetas con mayor valor. Así es como creadores promedio se convierten en emprendedores de seis cifras: no trabajando más, sino vendiendo de forma más inteligente. Si quieres más ganancias con tu contenido actual, es momento de empezar a crear bundles.

Jasmine, la experta en productividad

Jasmine era coach de productividad y le encantaba crear herramientas para sus clientes. A lo largo de los años había desarrollado decenas de recursos: hojas de trabajo para bloquear el tiempo, guías para establecer objetivos, planificadores digitales e incluso algunos cursos cortos. Pero las ventas eran lentas. Tenía buenos productos, pero venderlos uno por uno la hacía sentir que siempre estaba empezando desde cero.

Una noche, después de ver un webinar sobre **"ofertas en bundle"**, tuvo una revelación.

"He estado vendiendo piezas del rompecabezas", se dijo a sí misma, "en lugar de ofrecer la imagen completa".

Esa semana entró a Canva y abrió todos sus productos anteriores. Había más de 30 plantillas: desde rastreadores de hábitos diarios hasta playlists para mejorar la concentración. Era más de lo que recordaba. Los listó y los agrupó por tema: rutinas matutinas, planificación semanal, sesiones de trabajo profundo y desintoxicación digital. Todas las piezas estaban ahí. Solo tenía que unirlas.

Abrió ChatGPT y preguntó:
"¿Qué tipo de bundle de productos digitales puedo crear con planificadores diarios, plantillas para establecer objetivos y un curso de gestión del tiempo?"

La respuesta fue inmediata:
"El Kit Inicial Definitivo de Productividad: Todo lo que necesitas para recuperar tu tiempo y enfoque — incluye 10 plantillas, un cuaderno de trabajo paso a paso y un mini-curso."

Jasmine sonrió. Eso era exactamente lo que necesitaba. Lo renombró **"The Productive Life Bundle"** y empezó a rediseñar las portadas usando la herramienta Smart Design de Canva. Para cada elemento creó una imagen tipo mockup y escribió un beneficio en una sola frase. Para aumentar el valor, le pidió a ChatGPT que creara un desafío por correo de 7 días que acompañara el bundle. En menos de cinco minutos tenía toda la secuencia: asuntos, textos y todo.

Pero no se detuvo ahí. Creó un guion de meditación como bono usando ChatGPT y lo convirtió en audio con ElevenLabs. Ahora el bundle incluía plantillas, audio, un curso en video y una lista de verificación motivacional para la rutina matutina, todo potenciado por IA.

Al momento de poner el precio, recordó cuánto había cobrado antes por cada producto individual. Cada uno se vendía entre $10 y $19. El bundle completo tenía un valor total de más de $150. Lo fijó en $49 y usó ChatGPT para escribir el texto de la página de ventas. El titular decía:
“Mejora tu enfoque, organiza tu vida y recupera tu tiempo — en solo 7 días.”

Subió el bundle a Gumroad, lo compartió con su pequeña lista de correos y publicó un reel en Instagram mostrando una vista rápida del kit en acción. El primer día: 6 ventas. El segundo día: 10. Al final de la semana había ganado $790 con un producto que no creó desde cero, sino mediante reutilización inteligente y bundling.

Jasmine se dio cuenta de algo aún más importante: por fin tenía una **oferta escalable**. En lugar de perseguir nuevos clientes, podía dirigir a las personas a su bundle. En lugar de crear algo nuevo cada semana, podía ejecutar anuncios y automatizar secuencias de correo. El trabajo ya estaba hecho; ahora solo se trataba de ponerlo frente a las personas correctas.

Con más confianza, creó bundles temáticos para distintas audiencias:

- **El Paquete de Enfoque para Mamás Ocupadas**
- **El Sistema de Trabajo Profundo para Emprendedores**
- **El Kit de Éxito para Estudiantes**

Cada uno reutilizaba partes del bundle principal con ligeras variaciones en marca y bonos, todo guiado por ChatGPT. Cada nuevo producto le tomaba solo unas horas, pero añadía cientos de dólares a sus ingresos mensuales.

Para el tercer mes, Jasmine había generado más de **$3,000 en ventas de bundles**, más de lo que jamás había ganado con sus clientes de coaching uno a uno. Pero el mayor cambio no fue financiero, sino mental. Ya no se sentía una solopreneur luchando por salir adelante. Estaba dirigiendo un negocio digital inteligente y escalable. Y todo comenzó cuando dejó de vender piezas sueltas y empezó a ofrecer la solución completa.

Capítulo 6: Automatizar Las Ventas, La Entrega y El Seguimiento Con Herramientas De IA

Una vez que tus productos digitales están creados —ya sean ebooks, cursos, plantillas o bundles— el siguiente paso es **automatizarlo todo**. Esto incluye cómo se vende tu producto, cómo se entrega y cómo haces el seguimiento con tus clientes. El objetivo es construir un sistema que genere ingresos y cree relaciones mientras duermes. Gracias a las herramientas de automatización impulsadas por IA, hoy esto es posible sin necesidad de saber programar ni contratar un equipo técnico.

Comienza eligiendo una plataforma para alojar y vender tu producto. Para la mayoría de los creadores digitales, las mejores opciones son Gumroad, Systeme.io, Podia o Payhip. Estas plataformas te permiten subir tus productos, establecer precios y entregar los archivos de forma instantánea después de la compra. Una vez que el cliente paga, el sistema envía automáticamente el enlace de descarga o los datos de acceso al curso por correo electrónico. Solo este paso elimina el trabajo manual y la necesidad de monitorear constantemente. Elige una plataforma que se integre con herramientas de email marketing y procesadores de pago como Stripe o PayPal.

Cuando tu producto ya está activo, el siguiente paso de automatización es el **embudo de ventas**: una secuencia de páginas que guía al visitante desde el interés hasta la compra. Un embudo típico incluye:

- Una landing page
- Una página de producto o checkout
- Una página de agradecimiento
- Correos electrónicos de seguimiento automatizados

Utiliza herramientas de IA como ChatGPT para escribir cada una de estas páginas. Puedes usar prompts como:
"Escribe una landing page de alta conversión para mi [nombre del producto] dirigida a [audiencia]."
Luego continúa con:
"Crea una secuencia de 5 correos electrónicos para nuevos suscriptores interesados en [tema]."

Puedes usar Systeme.io, ConvertKit, MailerLite o Beehiiv para construir estas automatizaciones con herramientas sencillas de arrastrar y soltar.

El siguiente paso es automatizar la **captación de leads**. Ofrece un recurso gratuito —un ebook, checklist, video o plantilla— a cambio del correo electrónico del visitante. Este "lead magnet" suele ser la herramienta más poderosa para construir una relación con futuros compradores. Nuevamente,

ChatGPT puede ayudarte a crear tanto el lead magnet como la secuencia de correos de agradecimiento que promociona tu producto principal después de que alguien se registra. Pídele: "Crea una secuencia de correos de 3 días que presente mi guía gratuita y luego ofrezca mi bundle de pago."

Una vez que tienes correos electrónicos, tu sistema de seguimiento entra en acción. El email marketing sigue siendo uno de los canales más rentables, y puede ser completamente generado por IA. Puedes configurar correos semanales escritos por ChatGPT, consejos personalizados según el comportamiento del usuario o promociones evergreen que se ejecuten durante meses. Las plataformas de email también te permiten segmentar tu audiencia: por ejemplo, quien descarga tu ebook gratuito recibe una secuencia, y quien compra tu curso recibe otra distinta.

Otra parte clave de la automatización es el **upselling y cross-selling**. Esto ocurre después de que alguien compra. Puedes usar plataformas como Gumroad o Systeme.io para mostrar una segunda oferta tras el checkout, como:
"Añade este cuaderno de trabajo por solo $7" o
"¿Quieres la versión completa del curso? Actualiza ahora por $29."

Estas microofertas aumentan de forma significativa el ingreso por cliente, y una vez más, la IA puede escribir los títulos y descripciones de estas ofertas.

Más allá del email, puedes automatizar tu contenido en redes sociales usando herramientas como Buffer, Hypefury, Metricool o el Planificador de Contenidos de Canva. Puedes programar un mes completo de publicaciones con captions e imágenes generadas por IA. Pídele a ChatGPT:
"Crea 10 captions para Instagram promocionando mi ebook sobre gestión del tiempo."

Combínalo con diseños en Canva y tendrás presencia constante sin esfuerzo diario. A esto puedes sumar videos cortos generados con IA usando Opus Clip o InVideo para atraer aún más tráfico a tu embudo.

Para atención al cliente, utiliza chatbots con IA como Tidio o ManyChat para automatizar preguntas frecuentes y soporte. Estos bots pueden responder consultas como "¿Dónde está mi descarga?" o "¿Qué incluye el bundle?" las 24 horas del día. Puedes alimentarlos con respuestas creadas por ChatGPT, lo que te da tranquilidad y mejora la experiencia del cliente.

Por último, **mide y optimiza**. Usa las herramientas de analítica dentro de Gumroad, Systeme.io o Google Analytics para ver qué correos convierten mejor, qué ofertas funcionan y en qué punto las personas abandonan el proceso. Luego, utiliza la IA para sugerir mejoras. Pregunta a ChatGPT: “Basándote en este embudo de ventas, ¿cómo puedo mejorar las conversiones?”

Automatizar tu negocio de productos digitales no significa hacerlo frío o robótico. Significa liberarte para ser creativo mientras tus sistemas se encargan del trabajo repetitivo. Con la guía de herramientas de IA, puedes convertir un side hustle en un motor de ingresos 24/7, con mínima intervención y máximos resultados.

El primer embudo de ventas de Marcus

Marcus estaba agotado. Había pasado meses creando un curso digital detallado sobre presupuesto y libertad financiera para millennials. Grabó videos, creó un cuaderno de trabajo e incluso escribió un ebook complementario. Pero después de lanzarlo en Gumroad y anunciarlo a su pequeña audiencia en redes sociales, el interés se desvaneció. Las ventas llegaban lentamente. Cada vez que alguien compraba, él enviaba los archivos manualmente, respondía preguntas y trataba de hacer seguimiento con nuevas ofertas. Se sentía como un trabajo, no como un negocio.

Necesitaba un sistema más inteligente, uno que no dependiera de que él estuviera conectado todos los días.

Un sábado por la tarde decidió reconstruir su sistema de ventas desde cero, pero esta vez con IA. Abrió ChatGPT y escribió:
“Ayúdame a crear un embudo de ventas simple para mi curso de presupuesto.”

La IA respondió con un esquema paso a paso:

- Un lead magnet para capturar correos
- Una secuencia automática de emails
- Una página de producto con upsells
- Una serie de seguimiento para compradores

Esa misma tarde, Marcus le pidió a ChatGPT que escribiera la landing page de una guía gratuita llamada **“El Plan de Reinicio Financiero de 5 Días.”** Usó Canva para diseñarla, la subió a Gumroad y configuró un embudo en Systeme.io para entregarla automáticamente. Ya no más correos manuales. Cuando alguien se registraba, Systeme enviaba la guía y activaba una secuencia de correos de 5 días —todos escritos con ayuda de ChatGPT— que presentaban su curso de pago.

En solo dos días, obtuvo 20 descargas y 3 ventas del curso. Pero esta vez, todo el proceso estaba automatizado. El sistema enviaba los accesos. Los correos hacían el seguimiento. Él no tuvo que mover un dedo.

Motivado, creó una página de upsell que aparecía después del checkout del curso:
"¿Quieres el cuaderno de trabajo extra para ahorro? Agrégalo ahora por solo $9."

Creó el cuaderno en Google Sheets, lo formateó en Canva y usó ChatGPT para escribir el texto del upsell. Solo esa adición generó $81 extra en la primera semana.

Para mantener a su lista activa, configuró un boletín evergreen: 12 semanas de consejos semanales sobre presupuesto y recomendaciones de productos, todo escrito con IA. Cada nuevo suscriptor recibía un correo por semana, programado automáticamente con ConvertKit. Y para redes sociales, Marcus usó ChatGPT para escribir un mes completo de captions y los programó en Metricool.

Fue incluso más lejos y creó un chatbot con Tidio en su sitio web. Cada vez que un visitante tenía una pregunta —"¿Qué incluye el curso?" o "¿Ofrecen reembolsos?"— el bot respondía al instante usando respuestas preconfiguradas escritas con ChatGPT.

En solo tres semanas, Marcus pasó de "estar en modo hustle" a mantener un negocio digital completamente automatizado. La diferencia fue enorme. Nada de tareas manuales diarias. Nada de agotamiento. Por fin había construido un sistema que trabajaba para él, y no al revés.

Al final del segundo mes, su embudo había generado $2,100 —casi el doble de lo que había ganado manualmente en los dos meses anteriores juntos. Pero no fue solo el dinero. Fue la tranquilidad. Podía tomarse el fin de semana libre, viajar para visitar a su familia o enfocarse en crear nuevo contenido, sabiendo que su sistema impulsado por IA funcionaba en segundo plano.

Hoy, Marcus enseña estrategias de automatización como parte de su propio curso adicional. Su lema es claro:
"Si haces algo más de dos veces, automatízalo."

Esa mentalidad —impulsada por la IA— transformó un side hustle estresante en un negocio digital escalable y semi-pasivo. Y todo comenzó con una sola pregunta:
"¿Puede la IA ayudarme a construir un sistema más inteligente?"

La respuesta, por supuesto, fue sí.

Capítulo 7: Marketing con IA — Anuncios, Contenido y Estrategias de Crecimiento Que Funcionan 24/7

Crear productos digitales es solo la mitad de la ecuación. La otra mitad —y a menudo la más desafiante— es el **marketing**. Pero gracias al auge de la IA, promocionar tus ebooks, cursos y plantillas ya no requiere una agencia de publicidad ni un título en marketing. Ahora puedes crear campañas completas, textos publicitarios, visuales, videos y publicaciones para redes sociales en cuestión de minutos. Este capítulo te enseñará cómo usar herramientas de IA para crear un **motor de marketing 24/7** que genere ventas constantes y haga crecer tu audiencia.

Comienza con tu **mensaje**. Todo producto necesita un gancho: una razón convincente para que alguien se interese. Usa ChatGPT para generar ganchos de alta conversión con un prompt como:
"¿Cuáles son 10 ángulos de marketing para un curso digital que enseña [tu tema]?"
Recibirás ideas que van desde enfoques basados en el miedo hasta mensajes aspiracionales o de ahorro de tiempo. Elige los que mejor conecten con tu audiencia. Por ejemplo:

"Convierte tu currículum en un imán de clientes" o
"Haz más en menos tiempo con este sistema de 3 pasos."

Una vez que tengas tus ganchos, es momento de escribir el **contenido de marketing**. Pídele a ChatGPT que genere secuencias de correos electrónicos, captions para Instagram, títulos para YouTube y esquemas de artículos de blog. Por ejemplo:
"Escribe una secuencia de emails de 5 días para promocionar mi ebook sobre independencia financiera"
o
"Crea 7 captions para Instagram para un bundle de plantillas de Canva."

En minutos puedes construir un calendario de contenido completo con una voz consistente, mensajes claros y llamados a la acción fuertes.

Luego, utiliza **herramientas de diseño con IA** para crear contenido visual. La función Magic Design de Canva te permite generar gráficos atractivos a partir de simples prompts. Adobe Firefly, Kittl y Microsoft Designer también son excelentes para crear anuncios, miniaturas y mockups de productos. Usa estas herramientas para diseñar visuales que detengan el scroll en redes sociales, anuncios y landing pages.
Si estás construyendo una marca, pídele a ChatGPT:

"Crea una guía de estilo de marca para mi producto llamado [Nombre]."

El **video** es el tipo de contenido que más convierte hoy en el marketing digital. Con herramientas como Pictory, InVideo y Opus Clip, puedes crear anuncios en video, reels y YouTube Shorts a partir de guiones escritos por IA, incluso si no quieres aparecer en cámara. Usa ElevenLabs o PlayHT para narrar los videos con voces realistas, y añade videos de stock o gráficos animados generados por IA.

Puedes pedirle a ChatGPT:

"Escribe un guion publicitario de 30 segundos para mi [producto digital] dirigido a [audiencia]."

Luego, pégalo en tu herramienta de video y produce en minutos.

Para el **tráfico orgánico**, la constancia es clave. Usa herramientas como Hypefury, Metricool o Publer para programar publicaciones en múltiples plataformas: Facebook, Instagram, LinkedIn, Twitter/X, TikTok y Pinterest. Combina contenido generado por ChatGPT con visuales de Canva o clips de video creados con Opus Clip. Genera confianza mezclando publicaciones de valor (tips y tutoriales), publicaciones de autoridad (testimonios y casos de éxito) y contenido promocional suave.

Si quieres **escalar rápido**, utiliza anuncios pagados en Meta Ads (Facebook/Instagram), Google Ads o TikTok Ads. La IA también te ayuda aquí. Usa ChatGPT para escribir textos publicitarios: titulares, descripciones y llamados a la acción. Luego crea los anuncios visuales con Pictory o Canva y prueba diferentes versiones rápidamente.
Pídele:
"Escribe 5 variaciones de anuncios para Facebook para mi curso sobre [tema], usando diferentes enfoques emocionales."

Las versiones que mejor funcionen pueden escalarse con presupuestos pequeños. Muchos creadores comienzan con $5–$10 al día para probar ofertas.

El **SEO** es otra estrategia a largo plazo impulsada por IA. Usa herramientas como NeuronWriter, Surfer SEO o ChatGPT junto con Google Trends para crear artículos de blog y descripciones de productos optimizadas para buscadores.
Por ejemplo:
"Escribe un artículo optimizado para la palabra clave 'plantillas de presupuesto para principiantes' con un llamado a la acción hacia mi producto."

Publica este contenido en tu blog, Medium, LinkedIn o Quora para atraer tráfico orgánico con el tiempo.

No olvides **medir resultados**. Usa Meta Ads Manager, Google Analytics o los paneles de tu plataforma de ventas para monitorear tasas de clics, conversiones y valor promedio por compra. Si una campaña no funciona, pregúntale a ChatGPT: "¿Cómo puedo mejorar la tasa de clics de este anuncio para mi producto?"
La IA no solo crea: también te ayuda a analizar y optimizar.

Con los prompts y las herramientas correctas, el marketing deja de ser un cuello de botella. La IA permite a los creadores lanzar, probar y escalar campañas rápidamente, incluso sin experiencia previa. Si tienes buenos productos pero pocas ventas, este es el momento de dejar que la IA impulse tu motor de promoción. Es rápido, accesible y funciona 24/7.

Los $1,200–$1,800 mensuales de ingresos pasivos de Tasha

Tasha tenía un problema. Su bundle de planificadores digitales estaba bellamente diseñado, lleno de funciones y le había tomado semanas completarlo. Pero no se vendía. Lo publicó en Gumroad y Etsy, hizo algunos anuncios en redes sociales y... silencio. Después de dos semanas, solo había vendido dos copias: una a su mamá y otra a una amiga.

Frustrada, sabía que el problema no era el producto, sino la visibilidad. Necesitaba un mejor plan de marketing, pero no tenía el tiempo, el dinero ni la energía para aprender estrategias complicadas. Una noche vio una publicación en un grupo de creadores que decía: **"Deja que la IA sea tu equipo de marketing."** Intrigada, abrió ChatGPT y escribió: "¿Cómo promociono un bundle de planificadores digitales para profesionales ocupados?"

La IA respondió de inmediato con un plan:

- Definir la audiencia
- Crear contenido basado en problemas y soluciones
- Diseñar visuales que llamen la atención
- Usar video de formato corto
- Ejecutar anuncios de bajo costo
- Configurar secuencias de correo electrónico

Sonaba abrumador... hasta que se dio cuenta de que la IA podía ayudarla en cada paso.

Comenzó con el contenido. Le pidió a ChatGPT:
"Dame 10 captions para Instagram para mi bundle de planificadores de productividad."

Los resultados fueron mejores de lo que ella podía escribir: directos, enfocados en beneficios y optimizados con hashtags.

Copió los primeros cinco en su programador de Instagram y luego pidió versiones para LinkedIn y Pinterest. En una hora tenía dos semanas de contenido listo.

Luego pasó a los visuales. Usando Magic Design de Canva, creó imágenes para redes sociales mostrando su planificador en una tablet con frases como:
"Recupera el control de tu día"
y
"Planifica mejor, no más duro."

Los diseños se veían profesionales, incluso mejores que los de algunos influencers que seguía.

Pero quería probar video sin aparecer en cámara. Abrió Opus Clip, pegó un guion de 60 segundos generado por ChatGPT y creó un video corto con imágenes de stock y voz generada por IA: alguien tomando café, escribiendo en una laptop, marcando tareas completadas, mientras la voz explicaba los beneficios del planificador.

Publicó el video en Instagram y TikTok, luego le pidió a ChatGPT un CTA corto:
"Consigue tu Productivity Power Pack — ahora con 30% de descuento por tiempo limitado. Link en bio."

Las ventas comenzaron a llegar: 2 el primer día, 6 al siguiente. Luego alguien lo compartió en un grupo de Facebook sobre productividad y todo explotó. En una semana, Tasha había generado $580 en ventas.

Animada, reinvirtió $50 en anuncios de Meta. Nuevamente usó ChatGPT para escribir tres versiones de anuncios: uno emocional, uno lógico y uno con temporizador de cuenta regresiva. El emocional ganó:
"¿Ahogada en tareas? Este planificador salvó mi cordura."

Ese solo anuncio generó $780 en ventas para fin de mes.

Después, Tasha creó un lead magnet: un imprimible gratuito llamado **"Reinicio Matutino de 10 Minutos"**, y lo usó para construir su lista de correos. Le pidió a ChatGPT que escribiera una secuencia de 5 correos para promocionar su bundle completo. Funcionó. Se sentía personal, útil y directa. Su lista creció de 78 a más de 500 suscriptores en seis semanas, y las ventas continuaron.

Para el tercer mes, Tasha generaba consistentemente entre **$1,200 y $1,800 al mes**. No por crear más productos, sino por hacer marketing de forma más inteligente. La IA no solo le ahorró tiempo: le dio confianza. Ya no se sentía estancada. Se sentía como una verdadera dueña de negocio con un sistema que funcionaba las 24 horas del día.

¿Lo más sorprendente? Nunca contrató a un diseñador, un copywriter ni un editor de video. Todo su motor de marketing estaba impulsado por IA.

Hoy enseña a otras personas en su comunidad cómo promocionar sus tiendas de Etsy usando los mismos métodos, con ChatGPT como el corazón del sistema.

El éxito de Tasha nunca se trató de volverse viral. Se trató de **ser visible**: de forma consistente, creativa y estratégica. Con la IA, finalmente encontró su voz... y a su audiencia.

Capítulo 8: Escalar Tus Ingresos Reinvirtiendo Las Ganancias en Más Productos Creados Con IA

Una vez que realizas tus primeras ventas, comienza la verdadera oportunidad. Muchos creadores se detienen después de lanzar uno o dos productos digitales, pero quienes logran ingresos escalables a largo plazo entienden un principio clave: **reinvertir las ganancias para crear más**. Con las herramientas de IA reduciendo drásticamente el tiempo y el costo de producción, reinvertir incluso pequeñas ganancias en una estrategia de creación sistematizada puede acelerar tu crecimiento de forma exponencial. Este capítulo te guiará para reinvertir de manera inteligente y construir un motor de ingresos digitales sostenible.

El primer paso para escalar es **analizar qué está funcionando**. Usa los datos de tu plataforma de ventas, tu herramienta de email marketing y las analíticas de redes sociales para identificar tus productos, ofertas, contenidos y audiencias con mejor rendimiento. ¿Qué producto tuvo la mayor tasa de conversión? ¿Qué secuencia de correos generó más tráfico? ¿Qué plataforma trajo más compradores? Estos datos guiarán tu plan de reinversión. Pídele a ChatGPT:
"**Ayúdame a analizar estos datos de ventas y**

sugiéreme qué producto debería crear a continuación", e introduce tus resultados.

Luego, **destina un porcentaje de tus ingresos para reinvertir**. Un buen punto de partida es entre el 30% y el 50% de las ganancias mensuales. Si el mes pasado ganaste $500, considera usar $150–$250 para mejorar herramientas, pagar anuncios, comprar activos de diseño premium o incluso contratar apoyo para tareas que la IA no puede automatizar por completo. Distribuye esa reinversión en tres áreas clave: **creación de productos, marketing y optimización**.

En **creación de productos**, reinvierte en desarrollar activos adicionales que complementen tu oferta actual. Por ejemplo, si lanzaste un ebook sobre productividad, puedes crear:

- Un cuaderno de trabajo complementario
- Un mini-curso en video
- Un bundle de plantillas
- Una versión optimizada para móviles

Usa ChatGPT y Canva para generarlos rápidamente. Esta estrategia te permite hacer upsells, crear bundles o lanzar productos derivados para la misma audiencia con poco esfuerzo adicional.

En **marketing**, reinvierte en lo que ya funciona. Si tu lista de correos está creciendo, invierte en una plataforma de email con mejores automatizaciones. Si tus videos convierten bien, considera versiones premium de herramientas como Pictory, InVideo u Opus Clip para desbloquear plantillas avanzadas y opciones de branding. También puedes correr anuncios con presupuestos diarios pequeños ($5–$20/día) en Facebook, Instagram o Pinterest. Usa ChatGPT para generar múltiples variaciones de anuncios y revisa resultados semanalmente.

Reinvertir también significa **optimizar lo que ya tienes**. Esto incluye rediseñar landing pages con mejores plantillas, mejorar el copy de ventas, actualizar visuales del producto y ampliar automatizaciones. Pregunta a la IA:
"**¿Cómo puedo mejorar mi embudo actual para [nombre del producto]?**" o
"**Sugiere 3 formas de aumentar mi valor promedio por compra**".
Pequeños ajustes pueden generar grandes mejoras en el rendimiento.

Otra forma de escalar es **reutilizar contenido**. Usa tu contenido existente para lanzar nuevos formatos. Convierte tu ebook en un audiolibro con ElevenLabs. Transforma tu secuencia de emails en un curso. Convierte tus artículos de blog en un podcast. Pídele a ChatGPT que reestructure tu ebook en un guión para audiolibro o que genere textos listos para locución. Cuantos más formatos tengas, más puertas de entrada creas a tu ecosistema.

Considera crear una **escalera de productos** con distintos precios. Por ejemplo:

- Lead magnet gratuito
- Plantilla inicial de $9
- Curso o bundle de $49
- Masterclass o toolkit de $97
- Coaching o servicio de $250+

Esto te permite atender a personas con distintos niveles de interés y compromiso. A medida que obtienen resultados con productos pequeños, muchos avanzarán de forma natural al siguiente nivel. La IA puede ayudarte a estructurar esta escalera y a escribir el contenido para cada etapa del recorrido.

No olvides la **colaboración**. Usa parte de tus ganancias para contratar a un freelancer en Fiverr o Upwork que diseñe una portada premium o cree recursos extra. O asóciate con otro creador de tu nicho para lanzar un bundle conjunto. Usa ChatGPT para redactar mensajes de contacto, copy de landing pages o términos de colaboración. Las alianzas pueden abrir nuevas audiencias y multiplicar tu alcance.

Por último, mantén un **calendario de creación**. Fija metas mensuales para lanzar 1–2 productos nuevos, bundles o lead magnets. Usa herramientas de IA para acelerar el proceso y evitar el agotamiento. Cuantos más activos de alta calidad trabajen para ti, más ingresos generarás, sin intercambiar tiempo por dinero.

Escalar no se trata de suerte ni de hacerse viral. Se trata de **construir una máquina**, ladrillo a ladrillo, y dejar que la IA sea el motor. Reinvierte tus ganancias con inteligencia, deja que tus éxitos guíen los siguientes pasos y pronto descubrirás que lo que comenzó como un side hustle se ha convertido en un negocio digital completo.

El kit de side hustle con productos digitales de Devon

Devon nunca esperó ganar más que unos pocos cientos de dólares con su primer producto digital. Era una plantilla simple de Notion —un planificador de side hustle que creó para sí mismo, pulió con Canva y vendió en Gumroad. Lo fijó en $12 y lo publicó en algunos grupos de productividad. Para su sorpresa, generó $372 en las primeras dos semanas.

Estaba encantado, pero también inseguro sobre el siguiente paso. ¿Crear otra plantilla? ¿Correr anuncios? ¿Ahorrar el dinero?

Tras leer un blog sobre ingresos compuestos con productos digitales, Devon entendió que podía **reinvertir** esos $372 en lugar de gastarlos. Abrió ChatGPT y preguntó:
"**Basándote en mi primera plantilla de Notion, ¿qué debería crear a continuación para crecer hasta $2,000/mes?**"

La IA respondió con un plan en tres fases:

- Expandir la oferta
- Mejorar el embudo
- Aumentar el alcance

Se puso manos a la obra de inmediato.

Devon usó $79 para comprar una suscripción premium de Canva. Con ella mejoró los visuales de su producto, creó nuevas portadas y mockups para tablet y escritorio. Luego, con ChatGPT, creó una secuencia automática de emails de 7 días para lanzar un nuevo producto: el **"Side Hustle Toolkit"**, que incluía 3 plantillas, un planificador semanal y una guía de ingresos secundarios de 10 pasos escrita completamente con IA.

Empaquetó todo y lo vendió a $29. Usando la función de upsell de Gumroad, lo ofreció como complemento a su planificador original. ¿El resultado? En la primera semana tras el lanzamiento, ganó $462 —más que con el producto original por sí solo.

En lugar de retirar el dinero, **reinvirtió otra vez**, esta vez en contenido de formato corto. Usó Pictory para convertir descripciones del producto en videos para TikTok. Usó ElevenLabs para la locución y video de stock para mostrar escenas "antes y después" de personas usando su planificador. Luego programó publicaciones diarias con Metricool.

Las ventas volvieron a subir. Pero lo que más le sorprendió fue la **lista de correos**. Con un lead magnet gratuito —una checklist de "Reinicio Semanal"— Devon construyó una lista de 2,000 suscriptores en 60 días. Usó ChatGPT para escribir correos semanales de valor que mezclaban tips de productividad con ofertas suaves. Cada email generaba más ventas del bundle.

Para el tercer mes, ya ganaba más de **$1,400/mes**. Y no se detuvo. Devon reinvirtió de nuevo, ahora en **variedad**. Convirtió su ebook en audiolibro con ElevenLabs y lo bundló con su producto original. También contrató a un freelancer en Fiverr por $40 para crear un logo y un banner para la landing page. Su marca se veía más profesional y su credibilidad creció.

Motivado, Devon diseñó una **escalera de productos** de tres niveles:

- Lead magnet gratuito
- Producto inicial de $12
- Toolkit de $49
- Curso de $97 (en camino)

Siguió la guía de ChatGPT para crear nuevos cursos en su nicho y usó InVideo para producir lecciones con narración de IA. Su calendario estaba claro. Cada mes lanzaba algo nuevo —un planificador, un pack de plantillas, un módulo de curso— y su sistema vendía todo en piloto automático.

Para el sexto mes, Devon superó los **$2,800/mes**. No era famoso. No se hizo viral. Pero había logrado algo aún mejor: **construir una máquina digital que se escala sola**. Su biblioteca de contenido seguía creciendo. Su audiencia se expandía. Y cuanto más reinvertía, más rápido se multiplicaba su negocio.

Mirando atrás, Devon entendió que no fue una gran victoria la que marcó la diferencia. Fue la **reinversión constante de**

pequeñas victorias, amplificada por la IA, lo que convirtió una sola plantilla en un imperio digital.

Capítulo 9: Construir Una Marca y Una Comunidad Alrededor de Tus Productos Digitales Creados con IA

Crear excelentes productos digitales es solo el comienzo. Si quieres tener éxito a largo plazo, necesitas construir algo más poderoso que un producto: **necesitas construir una marca**. Una marca hace que tu trabajo sea memorable, aumenta tu credibilidad, te permite cobrar más y convierte a clientes ocasionales en seguidores leales. Cuando se combina con una comunidad activa, tu marca se convierte en una plataforma, una que puede sostenerte durante años. En este capítulo aprenderás cómo usar la IA para crear una identidad de marca, atraer seguidores y formar una comunidad que amplifique tu crecimiento.

Comencemos con tu **identidad de marca**. Esto incluye el nombre de la marca, el eslogan, el tono, el estilo visual y el mensaje central. Es la forma en que las personas te reconocen y cómo se sienten cuando interactúan con tu contenido o productos. Puedes usar ChatGPT para definir fácilmente estos elementos. Empieza con un prompt como:
"Crea una identidad de marca para un creador digital que vende plantillas de productividad a emprendedores ocupados."
Recibirás sugerencias de tono (profesional pero cercano),

valores (eficiencia, simplicidad, libertad) e identidad visual (tipografías limpias, colores relajantes). Una vez que elijas una dirección, puedes refinarla con prompts de seguimiento como: "Sugiere 5 ideas de nombres de marca que sean simples, memorables y alineadas con productos digitales que ahorran tiempo."

Después de desarrollar tu identidad, consolida tu **marca visual**. Usa Canva o Adobe Express para crear un logotipo, una paleta de colores y una guía tipográfica. La función Brand Kit de Canva te permite guardar todos tus elementos para que tus diseños se mantengan consistentes en publicaciones, páginas de venta y gráficos de productos. También puedes usar herramientas de IA como Looka o Brandmark para generar logotipos automáticamente según tu temática y audiencia.

Luego viene el **contenido**. La forma más rápida de construir reconocimiento de marca es mediante contenido constante y útil. Pídele a ChatGPT que te ayude a crear un plan de contenido de 30 días:
"Crea un mes de ideas de contenido para Instagram y email para mi marca de finanzas personales."
Publica con regularidad en una o dos plataformas donde se encuentre tu audiencia, ya sea Instagram, YouTube, Twitter o Pinterest. Aporta valor compartiendo consejos, contenido detrás de cámaras, testimonios de clientes y resultados rápidos

obtenidos con tus productos. Con el tiempo, tu audiencia asociará tu nombre con calidad y confianza.

Para crear una conexión más profunda con tu audiencia, forma una **comunidad gratuita**. Puedes alojarla en Facebook Groups, Discord, Circle o Skool. Usa la IA para nombrar la comunidad ("El Círculo del Creador Productivo", "Hub de Constructores de Ingresos con IA") y para redactar la descripción del grupo, el mensaje de bienvenida y las normas de la comunidad. Tu objetivo es crear un espacio donde clientes y seguidores puedan compartir avances, hacer preguntas e interactuar entre sí, no solo contigo. Esto genera lealtad y crea promotores naturales de tu marca.

Una táctica poderosa es **involucrar a tu audiencia en el proceso de creación**. Comparte adelantos, pide retroalimentación o realiza encuestas sobre qué producto deberías crear a continuación. A la gente le encanta apoyar aquello que ayudó a moldear. ChatGPT puede ayudarte a escribir estas publicaciones de interacción:
"Escribe una publicación en Facebook pidiendo a mi audiencia que vote por el próximo tema de ebook: presupuesto vs gestión del tiempo."

Usa el **email marketing** para nutrir a tu comunidad de marca. Envía newsletters semanales que se sientan personales e informativas. Comparte tu recorrido, lanzamientos de nuevos productos, enlaces útiles y menciones a tus clientes. Tus correos no deben solo vender, deben contar una historia. Pídele a ChatGPT que escriba una serie semanal de emails que construya conexión mientras refuerza sutilmente los beneficios de tus productos.

Otra táctica avanzada es crear una **personalidad de marca**. Usa la IA para ayudarte a crear un personaje o arquetipo para tu marca, alguien cercano y reconocible como "La Mamá Sin Estrés", "El Emprendedor Creativo" o "El Coach de Crecimiento con IA". Este personaje puede comunicarse con un tono consistente en todas tus publicaciones, haciendo que tu contenido se sienta más humano y menos corporativo.

Por último, utiliza tu marca como plataforma para **colaboraciones**. Contacta a otros creadores, influencers o vendedores de productos digitales con valores similares y audiencias complementarias. Usa ChatGPT para redactar mensajes de contacto por email o DM. Las colaboraciones —como bundles conjuntos, webinars coorganizados o intercambios de comunidades— ampliarán tu alcance sin necesidad de anuncios pagados.

Un producto sin rostro y puramente transaccional puede generar ventas. Pero una marca con personalidad, consistencia y una comunidad en crecimiento construye **valor real**. Se convierte en algo que la gente sigue, comenta y compra una y otra vez. Con la ayuda de la IA, no necesitas adivinar: puedes construir cada elemento de tu marca y comunidad con claridad y rapidez. ¿El resultado? Una plataforma poderosa que amplifica tus productos, tu mensaje y tus ingresos durante años.

La historia del negocio online de Isabella

Isabella tenía una colección de diarios digitales de bienestar, audios de meditación y afirmaciones diarias que había vendido discretamente en Etsy y Gumroad durante el último año. Sus productos eran tranquilos, bien diseñados y útiles, pero sus ventas eran inconsistentes. No tenía una marca clara, ni lista de correos, ni idea de quiénes eran sus compradores. Cada mes se sentía como empezar desde cero.

Un día se unió a un taller gratuito llamado **"De producto a plataforma: cómo construir una marca que crece sola."** El instructor dijo algo que se le quedó grabado:
"Si nadie recuerda quién lo creó, no estás construyendo una marca; solo estás vendiendo archivos."

Esa noche, Isabella abrió ChatGPT y escribió:
"Ayúdame a construir una identidad de marca para mi negocio de productos digitales enfocado en el bienestar."

En segundos obtuvo un perfil completo:

- **Nombre de la marca:** Calm & Clear
- **Eslogan:** Claridad, calma y autodescubrimiento en 10 minutos al día
- **Tono:** Suave, cercano y empoderador
- **Visuales:** Tonos tierra suaves, tipografías serif e imágenes tranquilas

Se sentía perfecto. Abrió Canva y diseñó un logotipo minimalista: un amanecer sobre una libreta. Actualizó el nombre de su tienda en Etsy, rediseñó las miniaturas de sus productos y optimizó su página de Gumroad. Todo ahora se sentía conectado.

Luego le pidió a ChatGPT:
"Crea un plan de contenido de 30 días para Instagram para Calm & Clear."

Los resultados superaron sus expectativas: ideas diarias con consejos de journaling, recordatorios de afirmaciones y hábitos de bienestar. Programó una semana de publicaciones y usó Metricool para automatizarlas. En pocos días, el engagement mejoró. Los "me gusta" se duplicaron y comenzaron a aparecer comentarios. La gente le agradecía por los recordatorios.

Isabella decidió crear una **comunidad**: un espacio amable y acogedor para que las personas compartieran sus procesos de crecimiento. La llamó **"The Calm Circle"** y abrió un grupo gratuito en Facebook. Usó ChatGPT para escribir el mensaje de bienvenida:
"Bienvenido a The Calm Circle: un espacio de apoyo para quienes desean vivir con más intención, escribir con propósito y conectar con personas afines. Ya seas nuevo en la atención plena o escribas a diario, este es tu hogar."

Las personas comenzaron a unirse, primero despacio y luego cada vez más. Compartían sus rutinas matutinas, capturas de sus diarios y mensajes de agradecimiento. Isabella quedó sorprendida. "Pensé que solo querían descargas", le dijo a una amiga. "Resulta que querían una conexión."

Cada semana, enviaba correos a su lista de nuevos clientes con mensajes creados por ChatGPT que se sentían personales. Nunca eran agresivos en ventas. Era como escribirle a una amiga:
"Aquí hay algo que me ayudó a ir más despacio esta semana..."
Las respuestas eran conmovedoras. Algunas personas incluso

decían que sus correos eran la mejor parte de su bandeja de entrada.

Introdujo un **“enfoque mensual”**: un nuevo tema de diario o producto alineado con la temporada. A su audiencia le encantó. Un mes era claridad, al siguiente gratitud, luego descanso. Usó ChatGPT para desarrollar prompts, afirmaciones y diseños, lo que le permitió lanzar con facilidad y constancia.

Entonces ocurrió algo importante. Otra creadora de bienestar la contactó para crear un bundle conjunto. Juntas lanzaron el **“Mindful Reset Pack”**, con meditaciones guiadas, reflexiones diarias y planificadores visuales. Vendieron más de 300 copias en tres semanas, con ambas comunidades promocionándolo de forma cruzada. Isabella nunca había experimentado ese nivel de tracción.

A medida que su audiencia crecía, también lo hacía su impacto. Añadió una sección de testimonios en su sitio, realizó sesiones de journaling en vivo por Zoom e incluso lanzó un podcast de Calm & Clear usando esquemas generados por IA y narración con ElevenLabs. Su voz ahora llegaba a hogares de miles de personas, ayudándolas a bajar el ritmo y reconectar.

En solo seis meses, Isabella pasó de ser una vendedora silenciosa de archivos digitales a la fundadora de una marca de bienestar con una comunidad leal. No tenía una gran audiencia. No se volvió viral. Construyó algo mejor: **confianza**.

Y todo comenzó con un prompt sencillo:
"Ayúdame a construir una marca que la gente recuerde."

Capítulo 10: Mantener Ingresos Pasivos a Largo Plazo Con Sistemas Evergreen e Inteligencia Artificial

Ganar ingresos pasivos es una cosa; mantenerlos y hacerlos crecer a largo plazo es otra muy distinta. Demasiados creadores digitales experimentan éxitos tempranos, pero no logran establecer sistemas que perduren. El secreto del éxito a largo plazo es la automatización evergreen: crear activos, embudos y contenido que sigan generando ingresos durante meses o incluso años con poco o ningún mantenimiento. Gracias a la IA, puedes construir estos sistemas más rápido que nunca y asegurarte de que tu negocio siga trabajando para ti, incluso cuando tú no estés trabajando en él.

Comencemos por definir qué significa "evergreen". Un sistema evergreen está diseñado para funcionar en piloto automático, mantenerse relevante durante todo el año y convertir de forma constante a prospectos fríos en clientes. Esto incluye lead magnets evergreen, secuencias de email, bundles de productos y embudos de venta automatizados. Estos sistemas requieren una inversión inicial de tiempo y creatividad, pero se pagan de manera continua, permitiéndote enfocarte en el crecimiento, nuevas ideas o simplemente disfrutar de tu libertad de tiempo.

Empieza identificando cuáles de tus productos u ofertas son los más atemporales. Estos son productos digitales que resuelven problemas recurrentes, como presupuestos, productividad, consejos para padres, rutinas de autocuidado o educación para principiantes. Evita depender únicamente de productos basados en tendencias que se agotan rápidamente. Una vez que selecciones tu "producto evergreen principal", construye un embudo completo a su alrededor usando herramientas como Systeme.io, ConvertKit o Podia. Esto incluye una landing page, formulario de registro, página de agradecimiento, oferta tripwire y una secuencia de emails automatizada, todo lo cual puede ser escrito con ChatGPT.

Pídele a ChatGPT que construya tu embudo evergreen completo con prompts como:

- "Escribe una página de registro para un lead magnet de mi bundle de planners digitales"
- "Crea una secuencia evergreen de 7 días para nutrir leads fríos y promocionar mi toolkit de productividad"
- "Sugiere 3 productos tripwire para mi curso sobre side hustles"

También puedes reutilizar contenido evergreen para atraer a más personas a tu sistema. Crea una biblioteca de artículos de blog, Reels de Instagram, videos de YouTube o pines de

Pinterest que enlacen a tu embudo. Usa ChatGPT para convertir cada pieza de contenido en 10 variaciones y luego prográmalas semanalmente con Metricool, Hypefury o Buffer. Esto mantiene tu sistema evergreen activo y visible sin esfuerzo manual.

Luego, mantén tus ingresos pasivos automatizando el soporte y la retroalimentación. Configura un chatbot usando Tidio, Crisp o ManyChat para responder preguntas frecuentes, entregar enlaces de bonos o enviar recordatorios de compra. Usa ChatGPT para escribir los guiones del chatbot. Después, crea una secuencia de solicitud de reseñas: “Escribe un email automatizado solicitando un testimonio 5 días después de la compra”. Las reseñas positivas aportan prueba social y mantienen el flujo de nuevos compradores.

Tus ingresos evergreen también dependen de la consistencia del tráfico. Configura anuncios de retargeting de bajo costo para traer de vuelta a los visitantes a tu embudo. Usa Facebook Ads, Google Display o TikTok Ads para mostrar tu producto a personas que visitaron pero no compraron. Estas campañas son fáciles de automatizar y altamente rentables cuando se combinan con un embudo sólido. ChatGPT puede escribir copys y variaciones de anuncios con prompts como: “Escribe 5 anuncios de retargeting para mi ebook sobre crianza sin estrés”.

Para asegurarte de que todo siga funcionando sin problemas, crea un proceso mensual de revisión. Una vez al mes, dedica 1–2 horas a revisar analíticas: tasas de apertura de emails, tasas de conversión del embudo, rendimiento de anuncios y ventas de productos. Pregunta a la IA: "Con base en estos números, ¿en qué parte de mi embudo se pierden más leads?" o "¿Qué cambios podrían mejorar mi tasa de conversión?". Este ciclo de retroalimentación te ayuda a hacer pequeños ajustes que mantienen tus sistemas optimizados con el tiempo.

También deberías crear un calendario de contenido para refrescar tu material evergreen. Cada 3–6 meses, actualiza tus lead magnets, revisa tus emails o agrega un bono a tu producto principal. Esto mantiene tus ofertas frescas sin perder la automatización. Incluso puedes pedirle a ChatGPT: "Sugiere un plan trimestral de actualización de contenido para mi embudo evergreen de productos digitales".

Por último, recuerda que los verdaderos ingresos pasivos no se tratan de abandonar tu negocio. Se trata de crear sistemas que te permitan dar un paso atrás, recargar energías y enfocarte en la creatividad. Cuando tus ingresos ya no dependen del esfuerzo diario, desbloqueas la libertad: el verdadero ROI de construir con IA y automatización. Los sistemas evergreen son la base de esa libertad.

Cómo Natalie ganó $30,000 con IA

Natalie había logrado lo que la mayoría de los creadores digitales solo sueñan. Había construido un pequeño imperio de productos digitales: planners, plantillas, mini-cursos y cuadernos guiados, todos creados con IA. En su primer año, ganó más de $30,000. Pero en el mes 14, algo cambió. Sus ingresos bajaron. Su contenido estaba disperso. Sentía que lanzaba y promocionaba constantemente, pero obtenía menos resultados.

"Estoy atrapada en modo hustle", se dijo.

Se dio cuenta de que, aunque había creado grandes productos, nunca había construido verdaderos sistemas. Sus ingresos dependían de nuevos lanzamientos y publicaciones constantes. Era hora de cambiar, no de rendirse, sino de evolucionar.

Esa tarde, se sentó en la mesa de su cocina y escribió en la parte superior de su cuaderno:
"¿Cómo puedo ganar dinero todos los días sin tener que aparecer todos los días?"

Luego abrió ChatGPT y escribió:
"Ayúdame a construir un embudo evergreen para mi producto más vendido: The Mindful Productivity Toolkit".

La IA respondió con un plan:

- Lead magnet: Guía de Reinicio de Enfoque de 3 Días
- Tripwire: "Diario de Impulso Diario" por $7
- Oferta principal: Toolkit de $49
- Secuencia de emails: 7 mensajes automatizados
- Upsell opcional: bundle de meditaciones en audio de 30 minutos

Natalie quedó sorprendida. Había recibido un blueprint completo en menos de cinco minutos.

De inmediato creó una nueva landing page usando Systeme.io y subió la guía gratuita de 3 días. Usó Canva para rediseñar el PDF con nuevas fuentes y visuales. Luego escribió los emails con IA: personales, amables y sutilmente persuasivos.

Cada email contaba una historia: el día que olvidó su lista de tareas, cómo superó la sobrecarga, el poder secreto de escribir en silencio. No solo estaba promocionando; estaba conectando. Todo escrito con la ayuda de ChatGPT.

Después, configuró anuncios de retargeting. Antes le daba miedo gastar en anuncios, pero con un embudo funcionando y un ROI claro, decidió intentarlo. Con $5 al día, segmentó a personas que habían descargado la guía gratuita pero no habían comprado el toolkit completo. ChatGPT le ayudó a escribir seis versiones del copy del anuncio. Lanzó la campaña y la dejó correr.

Por primera vez en meses, Natalie no despertó preguntándose qué publicar. En cambio, abrió su panel y vio:

- 4 nuevos leads
- 2 nuevas ventas
- 1 reseña enviada por un cliente feliz

Y todo eso antes del desayuno.

Siguió optimizando. Cada mes, dedicaba un domingo a revisar su embudo. Actualizaba un email, mejoraba el titular del tripwire, agregaba un bono al upsell. Estos pequeños ajustes tomaban menos de una hora, pero cada uno aumentaba sus ingresos.

En tres meses, su embudo evergreen estaba generando $1,500 al mes de forma completamente pasiva. Usó ese tiempo libre para crear un nuevo curso evergreen. Luego otro toolkit. Al final del año, tenía tres embudos evergreen funcionando, todos impulsados por IA, todos automatizados y todos generando ingresos constantes.

Natalie viajó más. Se tomó los fines de semana libres. Retomó proyectos creativos que había abandonado. Su marca no desapareció; floreció. Las personas la encontraban a través de sus guías gratuitas, seguían sus emails de nutrición y se unían a su comunidad sin que ella tuviera que hacer mucho la mayoría de los días.

Ya no se llamaba a sí misma vendedora de productos digitales. Era una constructora de sistemas. Una arquitecta evergreen.

Y todo comenzó con una sola pregunta:
"¿Cómo puedo ganar mientras descanso?"

La IA le dio la respuesta. Los sistemas evergreen le dieron la libertad. Y juntos, le dieron un negocio que duraría.

Palabras Finales

Felicitaciones. Acabas de completar una guía integral para construir ingresos pasivos y sostenibles a largo plazo utilizando IA — sin habilidades técnicas, sin un gran equipo y sin una gran inversión inicial.

Lo que has aprendido no es teoría — es un plan práctico y probado en el mundo real. Ahora tienes todo lo necesario para:

- Elegir y validar productos digitales
- Crear ebooks, plantillas y cursos usando IA
- Empaquetar y agrupar productos para aumentar las ventas
- Construir embudos evergreen que funcionen 24/7
- Automatizar seguimientos, marketing y soporte
- Hacer crecer tu marca y tu comunidad
- Reinvertir las ganancias en sistemas escalables
- Mantener la libertad mientras tu negocio digital trabaja para ti

Cada sistema descrito en este libro ya está siendo utilizado por creadores comunes — personas como tú — que decidieron dejar de intercambiar tiempo por dinero y comenzar a construir activos que les pagan para siempre.

No necesitas dominar todo de una sola vez. Solo necesitas empezar. Un producto. Un embudo. Un sistema automatizado. Deja que ese primer logro se multiplique y te lleve al siguiente.

La IA no es una amenaza — es tu socio de negocios. Y ahora sabes cómo usarla para crear impacto, libertad e ingresos sostenibles.

www.ingramcontent.com/pod-product-compliance
Lightning Source LLC
LaVergne TN
LVHW010841051026
849532LV00007B/2775